풋사과 머뭇거리다

곽은주
글. 그림

풋사과 머뭇거리다

가을들에서

스러지는 피조물임을 새기며 땅에 엎드린다.
바람에 놓은 풀잎 노래 따라 걸어도
아직 겸허의 강이 멀어
처음부터 엎드린다.

2024년 10월 곽은주 씁니다

차례

시인의 말 05

1 들

창문 옆 빗자루 11 · 화해 12 · 꽃잎은 강으로 떨어진다 13 · 천왕사 동자 14 · 춘분 15 · 강진 가는 길 17 · 끝 봄 18 · 오후의 포물선 19 · 봄날은 길었다 21 · 비에 아카시아 나무 휘어지다 22 · 없는 것들의 액자 23 · 짙은 여름 24 · 월출산 이유 25 · 창고에 사는 고래 26 · 바람 29 · 첫눈 30 · 12월 풍경 31 · 제야의 난로 32 · 2월 33

2 숲

풋사과 39 · 설익은 마리아 40 · 시간의 이해 41 · 다 떨어진 것은 아니다 42 · 줄넘기 놀이 43 · 내시경도 헛것을 본다 45 · 기억의 끝 46 · 이사 가는 날 47 · 비어 있는 집 48 · 겨울 한가운데 49 · 나 없이 꽃이 핀다 50 · 땅끝 마을 51 · 노래는 밤에 해야 한다 52 · 산청에 비 53 · 진지한 사춘기 55 · 첫사랑 56 · 하나의 사랑 57 · 끝까지 만나지 못하는 설계 59 · 개구리 60

3 길

캠핑카 행렬 65 · 처음 앰티 기억 66 · 고속도로 67 · 어스름 68 · 외지 직장인 69 · 원복이 70 · 과꽃 드로잉 73 · 크림슨 맨드라미 74 · 민들레 꽃대 75 · 창수네 대문 말뚝 76 · 섬 동백 77 · 봉숭아 79 · 흩뿌려진 다도해 80 · 소년의 비탈 마을 81 · 대추골 낭만 82 · 대추골 소쩍새 84 · 강진만 따라 내릴 때 87 · 밥상 88 · 바다 감정 89

4 빛

수도원 95 · 버킷리스트 96 · 언어의 메아리 97 · 순간 숨을 쉬네 98 · 식사 기도 99 · 등대도 견디는 중 101 · 보내고 맞이하고 102 · 얼어붙은 창 103 · 동해 북쪽 104 · 표류 105 · 헌 집 줄게 새집 다오 107 · 대원사 108 · 벽오동 잎 더 넓어져 109 · 환희와 지름길 110 · 다 온 듯하다 111 · 안거 112 · 하나의 길 113 · 눈이 오면 크리스마스 114 · 산밭 115

작품 해설 - 「시성(詩性) 혹은 시적인 것에의 의지」 117
　　　　　이은봉(시인, 광주대 명예교수, 전 대전문학관 관장)

자그마하게 피어나. 작은 목소리로. 그래 들린다. 봄 _「제비꽃」

1
들

말뿐인 개념. 죽었지만 죽지 않은 자유라는

창문 옆 빗자루

싸리나무는 누구를 때리지는 못했다
마당을 쓸고 난 뒤
한 곁에 서 있다가
다시 마당을 쓸곤 했다

돌멩이 위에 서 있다
바람에 흔들려 주었고
풀섶처럼 자라
가지 끝 손톱마다
붉은 마침표를 달고
입을 다물었을 뿐이다

깊은 산 속 아닌
낮은 언덕 사람들 언저리에 있다가
그리 그리 맴돌더니
원망의 말로 누구도 때리지 못하고
창문 옆 세워 둔
싸리나무 빗자루가 되었다

화해

어거지스럽게
무슨 교훈을 말하려 하는가
봄인데

잔가지 쌓인 덤불 위
후회나 아쉬움이 남았을까
벚꽃 환한 길인데

죽었다고 입을 막던 우리
영산홍 삐쭉삐쭉 입 열어
햇살 맑은데

꽃잎은 강으로 떨어진다

비 내려 붉은 볼
고운 눈매 끝
찰나 꿰뚫는 적요
강 건너 여인
곱게 접어 가슴 섶에 넣었건만
떠 내리는 붉은 섶
강 건너는 파초잎 배
기다리는 나루터 닿지 못한 채
물결 따라 흘러
비 내려 더 푸른 물결

아무도 모르는 이야기
꽃이 진다 잊힐까
못 본채 흘러가더니
꽃 함께 품고 가끔 곤두박질 흐를까

천왕사 동자

두견새 소리 번지면
산벚꽃도 얼룩얼룩
그렁그렁 아이 내려다보는 눈길
유채꽃 환한 길 따라
누가 올 것 같아
괜스레 울먹울먹
월출산 삐죽 바위
울지마라
울지마라

산벚꽃 스러져
분분히 날리는
어미 가슴 모유 같은 꽃 이파리
따뜻한 살결 여리여리
괜스레 이유 모를 눈물
아무도 모른다는 어미
저 홀로 걸어도
부끄러워 누르는 눈물
천천히 업고 안아주는 하얀 산벚꽃

춘분

춘분에 쏟아지는 눈
파도 소리 철썩거릴 때마다
바람이 데려와 거두어간 기다림이건만
쌓인 눈 안고 댓잎 푸르게 비쳐
아직 남아있나 싶지

창문에 기대
흩뿌리는 대지 끝 푸른 회색 바닷소리 들으면
일렁이고 있으리라
남아있다면
거두어 가리라
조금씩 길게 해 따라가려니 싶지

35×120×28㎜

심장 쾅쾅거리는 입맞춤같은, 더 불쌍한 복사꽃을 보았네 _「길 잠긴 웅도」 부분

강진 가는 길

구름에 뜬 듯 배밭
꿈인 듯 몽글
분홍 볼 부비는
4월 언덕
과수원에 두고 온 소녀는 아직 소녀
세상을 다 돌아
꿈인 듯 몽글

끝 봄

산청 사과 농사짓는 남자
혼자 가지 치고 혼자 사과꽃 딴다
나들이객 몰려 내려간
산 아래
꽃 스산히 나리는 데
향 남아
검은 가슴 우직하게 찌른다

왔다 간 사이
감추어진 가슴 찔레꽃 멍울졌나 보다

오후의 포물선

바람 한 번에 흩어지던
벚꽃처럼 사이 날아갔소

날아가는 선 따라
연이어 나리는
설핏설핏 분홍 비추는 잎

남아있는
진분홍 사랑이
마늘밭 여린 싹으로
흩어져
묻혀도

찬란한
오후

97×30×27㎜

흔들리는 가벼움. 허공에서 부는 바람. 깍고 또 깎아 놓아준 자유

봄날은 길었다

봄날은 길었다
2월 가랑비 내려 질척해진 길에 신발 무거워지고
새 학년 의자 책상은 아직 추워
벚꽃 다 떨어지도록
난로 없는 도시락 먹자니 썰렁하고
개나리 피어야 창문에 노란 햇볕 모이고
오월 쫄밋한 시험 기간 보내고야
제대로 된 봄이 오는 것이었다

딸기밭으로 몰려가 향긋한 봄을 안고
뱅글뱅글 춤추며 깔깔거리며
따뜻한 봄빛
그러고도 6월 말 장마가 오기 전까지
꽃들이 차례로 피고
보리를 거두고
병아리가 중닭이 되어서야 여름이 오는 것이었으니

어설피 추운 날들로
가만히 오다가
축제 노래로 나팔 소리 터트리는
여러 이야기 속삭이던

길었던 봄날
길었던 유년

비에 아카시아 나무 휘어지다

집 주변 자잘한 꽃 진 후
꽃은 산으로 갔다
오동이며 아카시아로 크게 피어 산딸나무
하얀 광목 커튼
초여름 저녁 바람에 한 번씩 흩날리는 못 부친 편지와
창문으로 날아 들어오던 나비가 머물러 있는 하얀 꽃 덩어리들은
하늘 향해 눈부시다
보슬비 한 삼일 여전히 적시더니
흰 덩어리 물 함북 담아 휘어져 내려 그림자 어루만지고
오동은 단발머리에서 나는 향내 같은 보라색으로 찬란하다
멀리 있는 아이 돌아와
깊지도 않고 주변도 아닌
보일 듯 먼 거리
새벽 차가운 공기 속 우뚝하다
풍성히 빠져든다
달콤하나 우아한 향내
그 아이 정에 정을 더한다

없는 것들의 액자

푸르른 초원 자그마한 집
노루가 멈춰 쳐다보니 낯선 여행객이 미안코
한두 송이 꽃 한들거려도
언덕 풀 한 번에 흔들거려
바람 방향 비스듬한 나무 그늘 누운 소
아름다운 이야기의 대구(對句)
맑은 시냇가 검은 흙 둔덕
아이의 발목 같은 풀대 상큼하여
모든 전설이 돌아오는 풀 내음
연이어 이끄는 풀 언덕
내려놓을 짐도 없는 한가한 들판
그림 같은 그림

짙은 여름

붉은 꽃 손길, 노란 꽃 손길
무에 따라오나

사방 환한 연두인데
시냇물 넘실 흐르는데

그리워한다는 말
오래 머무르고 있다는 말
무에 서성이나

바람이 낭송하는 초록 시가 있고
구름 높이 푸른 손짓 있어
밤에는 은하수 흐르는데

월출산 이유

울컥 터져 나온 그리움 눈물로 날리는 삐죽 봉우리
달 뜨면 긴 곡선으로 산줄기 내려앉아 긴 숨 쉬는 아래들

긴 들, 그림자 드리운 나무 한 그루

한 마리 새로 가지 위 우뚝
봉우리 마주 보고 있거나
벌레 우는 수풀잎으로 너는 보고 있으리라

하늘 향한 바위 마음이건만
긴 들, 사계절 고초에도 오롯이 보이게
잊지 말라고 봉우리 높다

창고에 사는 고래

아버지 유일한 유산
파도 들락거리는 창고 27평 등기에
고래가 실려 왔다
동해며 남해 헤엄치던 월포
십 년 동안 먼 곳이나
아침 날씨 살펴도 바닷가 날씨 기웃
컴퓨터 앞에도 성게며 도다리가 궁금
잠자는 동안 꿈에 해초 푸르게 자라고

작은 책상으로 바다 일렁이고 배 나가고 들어온다
버려둔 창고 앞 파도 푸르게 철썩여
아침마다 푸른 걸음으로 커피를 사러 가기도 하고
배 정박한 방파제 바람 거칠게 불면
옷깃 여미며 전철역으로 뛰어가기도 한다

힘든 날이었을까
전철에서 졸다 고래 울음소리에 깨고
창고 구석의 고무줄 늘어난 물안경이나 꿰맨 통발
비릿한 냄새 밀려와

배 띄워 오후 구름을 본다거나
갈매기를 놔 준다거나
사무실 창문 항구 되어
뚜뚜 뱃고동 울린다

작은 창고라도 정붙이고 살아라
살아있는 고래
일주일에 오 일 바다를 헤엄쳐 온다

117×62×35㎜

하늘에 머물은 바다. 바다에 간직한 하늘

바람

호수는 철썩철썩 밀려오고 있었다
돌아와 끓인 찻잔에도 물결이 있었다

낚시하던 사람은 무엇을 낚았을까
고요한 호수 건져 올렸기를 빈다

날마다 처음이라 날마다 낯선 물살
다 맞으며 흔들리던
갈대도 함께 고요히 말이다

첫눈

두려움이 삶의 이유라면 우스워요

작고 고운 고요가
소리 없이 내리는 숲을 찾아
두려움이 하나하나 떠나가는

잠잠한 눈송이 하나에 멈추어
귀 기울이면
홀 홀이 떠나가는

추위도 사람도 두렵지 않아요
늦어서 미안해요 고요

12월 풍경

난롯불 의지해
마른나무 향 타닥타닥 날리는
자작나무숲 눈 날리는
창문 아래
남천 열매 붉은 등으로
한결같은 바램으로 창가 기대요

모퉁이 호랑가시나무
뒤 뜰 마가목 열매
붉은 약속으로
창 안을 들여다보아요
신기루 세우듯
눈가루에 반짝이는 별 가루 모으며

먼 산에서 들 건너 홀로이 산막 창가
휘몰아쳐 묻힌 길
잊힌 길 끌어안은
창가

제야의 난로

하루 남은 한 해
어디로 갈까 여미는 옷깃
싸락눈이 제야의 종을 치면
먼 여정
문 열고 들어와
난롯불 마주 앉아
따뜻한 찻잔 나누리라

설렘도 없이 돌아서기 허전하여
싸락눈 사락사락
먼 언덕 나리면
난롯불 돋우며
하늘에서 나리는 눈이 아닌
쌓인 눈 다시 솟구쳐 나리는
새해 되리라

2월

스치며 나는 물오리
치솟던 서릿발 녹아 푸슬푸슬 오솔길
이끼 홀씨 하얗게 얼어
볕 나지막이
샛강에 흘러드는 차가운 속삭임
겨울 이야기 깊이 새긴 굴참나무
쨍한 하늘에 눈물 없이 말라가던 잎

나는 기꺼이 바스라지고
새 신을 신은 너는 물 위 적요하다

껍질 투박한 손에도 나지막한 온기
볕은 가만히 안아준다

처마 끝 맴돌던 바람, 빈 마당 건너 대숲으로 날아가니 _「블휘사 목탁 소리」 부분

2
숲

누구를 위해 죄를 저지르는가. 누구를 위해 노예가 되는가. 날개에게.

풋사과

그만 멈추었네요
늦은 비 오더니 소식 없어 저녁 되니 또 한 알
가슴에 몇 알씩 쌓이네요.
선물할 수 없이 어설픈
정원 귀퉁이 조용히 묻어 있는
몇 알인 줄 알았는데 오래 있네요
붉고도 찬란한 10월 정원
선물할 수 없는 부끄러움

그만 멈추었네요
기도도 멈추었네요
바람 실려 멀리 가다 뒤돌아
성장하지 않는 어설픔
새콤한 날
처음 열매였어요

설익은 마리아

그만 떨어졌다 애석하지 않다
그리고 점점 썩었다 부끄럽지 않다
빨간 열매 없는 빈 가지, 농부의 갈망을 배신한 것은 결코 아니

느리게 썩어 농부를 뒤따라 돕는 잠잠한 손길
어느 싱싱한 가지 붉은 열매 응원하는
부스러기 노래 되어
떨어진다는 것 슬픈 일은 결코 아니

빈 가지에 매달은 조급함이 슬픔으로 댕강거릴 때
영 끝나버려 저릿저릿할 때
풋사과는 숭고함 모른 채 머뭇머뭇

굵은 장마에서 된서리 내리는 새벽까지
농부와 풋사과 서로 머뭇거렸다

시간의 이해

여섯 번 꽃이 지고
한 번 더 기다리며
무릎에 머리 대고
기도의 무게

언제일까

잠잠한
이 땅을 오래 지내야 하는 수선화
두 손 뿌리에 대고
소녀
기다림의 무게

다 떨어진 것은 아니다

무엇으로 건넸기에 남아 있게 되었나
6월 말부터 장마
긴 날들 축축함
멈추었으나 간간이 태풍
긴 밤들 어둠
길어질수록 허물어지더니
깊어질수록
사그라지더니

무슨 대답 새겼기에 남아 있게 되었나
번개 칠 때 하얗게 질리더니
빗속에서
잎을 손톱만큼 모으고
어둠에서
가지로 힘내 촛불 켜더니

비 갠 날 찬란한 과수원
가녀린 가지 끝 대답

줄넘기 놀이

주변의 어느 것은 사라지고
어느 것은 시야를 향해 돌출하는
그 둘이 동시에 갑자기

아이들 소리가 사라지고 꽃 무더기 시야에 고여
색이 아름다운 거구나
우주가 조용한 행복을 보내오는 순간
부서져 흔들리는 햇빛
멈추어 있는 나비

내 뛰어 들어갈 차례인데
우뚝하니 딴 곳에 있었다

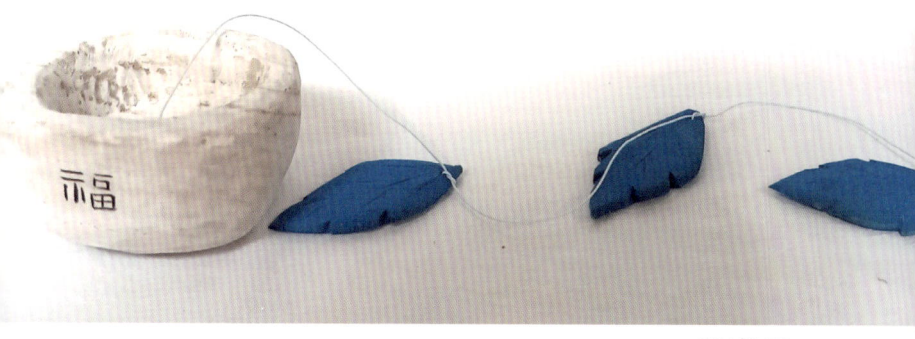

85×40×70㎜

밥그릇이 작고 가벼웠으면 좋겠다. 늘 무거웠다.

내시경도 헛것을 본다

작은 카메라로 만난 몸속
얇은 피부
찢어질 수 있는 얇은 막
한쪽 붉게
한쪽 밥사발 엎어 놓은 듯
밥알 한 웅큼
떠돌아도 밥벌이 막막하더니
속에 차곡히 모여 있었구나
산 구비 태연히 돌아설 때마다 쌓인 속살
의사는 멈추어 말이 없고

카메라는 반짝
하얀 알갱이 어찌 예쁘다 바라봐주는
밥알은 늘 고맙고
언제나 눈물이 나서인가 보다

기억의 끝

밭에 남아있던 배추 동강이
완전히 녹아내려
줄기 흔적 없이 허연 손자국
나뭇가지 더 검어져 새가 한두 번 날 뿐
미처 못 거둔 푸성귀들
허옇게 녹아
잔영조차 남기지 않는
죽음은 그런 것

푸르던 배추밭의 웃음
잔영으로 너의 우주에 머물러
가끔 반짝이는 별빛
너 또한 별 되어 흩어지면
나의 잔영은 유성으로 떨어져
너를 기억하는 이들 가슴
희미한 반딧불로 얼비치다가
시간 따라 스러지는
죽음은 그런 것

이사 가는 날

하얀 염소 강을 건널 때
트럼펫 높이 불어
하늘에 알려주세요
아름다운 음색에 실려
절룩거리지 않고 사뿐사뿐 날아가겠어요
받아주세요

아무것도 걱정하지 않아요
계단 밑 작은 꽃에
딸아이 볼에도 웃음이 있을 테니
옷을 벗고
헤어지지 못할 이름들에 감사 편지를 쓰고
알 수 없는 이를 위해 꽃씨를 뿌릴게요

이제 하얀 염소를 위해 트럼펫을 불어주세요
돌아갈 하늘까지

비어 있는 집

소금 바람에 녹슨 문 열면
옛적 사람 바다를 망망히 보던 창가
창문에 빛 한 다발

나무계단 삐걱 소리
거친 일손 비로소 녹이던 따뜻한 찻잔

거두지 못한 빈 그물
배 바닥 붙은 소금 거품일랑
따뜻이 말려지던 포구 향해

널어 논 그물
태풍에서 돌아오던 어부
창밖 바라보며 함께 말려지던 의자

겨울 한가운데

머물러 있는 중

나무껍질 속까지
검정 회색 흰색으로
가리고 감추고
작은 오해가 있다면 그럭저럭 견디고 있다는 소문

희끗희끗 언덕
저 홀로 우뚝한
저 홀로 찬란한 계절
서성여도 서성여도 좋은
저 홀로 속살까지 추운 바람
그대 핏줄 아래까지 머물라
함박눈 펑펑

소중히 머물러 있는 중

나 없이 꽃이 핀다

꽃은 나 없이 있다
바람은 우리 없이 있다

우리는 의심하여 생명을 박제하고
여기 온 이유를 묻다가 추측하며
궤적에서 서성이지만

그 이후가 아닌 순전한 미래는
범위와 감각의 풍경을 걷어낸다
아직 닫히지 않은 세계가 꽃이다 바람이다

기묘한 형태의 표준성
무의미한 경로
아니 아니 전복이 아니라
우리 없이
나 없이
집에 아무것도 남겨 놓지 않은 상태로
꽃이 핀다
바람이 분다

땅끝 마을

떠도는 길 길으니 자유롭고 작은 오두막 불빛도 다정히 다가와
설경대던 그림자 안기는 것이
또한 외로움이 깊은 것이다

끝이면 시작이다
절망이면 연둣빛 눈물 찰랑이는 어린 모의 희망

천 갈래 강물에 하나의 달이 둥실 비추어
마음 갈래에 그대 하나가 밝은 빛 되는 언약에 어느덧 길을 다 온 듯
먼지 날리는 정거장 의자 옆
접시꽃 이제 붉고 곱게 보여
예사롭지 않은 길 걸어왔음에 구름이 멈춘다

노래는 밤에 해야 한다

밤에 부르는 노래가 있다
사물과 씨름하지 않고 존재와 마주하여
들여다보는 덜 자란
동굴
벼랑
감옥
에서 부르는 노래
낮은 음성으로 강을 건너 낭랑히

아무도 없는 햇볕 쏟아지는 마당
고통이 얼굴을 감싸 쥐거나
촛불 켜도 성장 멈출 때
마디 마디져
흔들리는 대나무 숲을 스치는 속 빈 노래

울뚝하니 문 차고 나가
한 사흘 쏘다니던 장단에
혹여 캄캄한 밤중 잊었나 두려워
뿌리 뽑히는
얼음 갈라지는 소리 강을 건너 낭랑히

산청에 비

산청이라 큰 산
깊은 골 물안개 솟치며 높이 흘러

방문 열어
우뚝 선 산
한걸음
푸른 오월

없는 듯 있는 듯
아무도 안 왔는데
여린 빛 내를 건너고 있네

140×85×70㎜

기계로 틀을 잡고 칼자국만 대면 바람이 잠잠할까 망설였지만
통나무를 조금씩 조금씩 깎기로 했다. 오래도록

진지한 사춘기

사랑에서 찬란한 사랑
고통에서 찬란한 고통인데
스무 살도 먼 열네댓에
사랑이 어찌 고통일까

기쁨과 슬픔 사이
명료한 눈빛으로 선을 그어주는
빛줄기 어찌 있을까

아슬히 징검다리 건너
다다른 곳이 안개 낀 들판
예쁜 꽃 들고 죽어 있는 줄기

어찌 열네댓 살
비 와도 선명한 들꽃
흔들리며 선명한 손짓일까

첫사랑

앞을 향해 간다거나
비 그친 오후 파릇한 씨를 묻었다거나
해도
이야기가 끝나지 않는다

빛이 내리쬐는 길에 하얀 걸음 내딛거나
풀꽃으로 상큼하게 뒹굴거나
해도
잊히는 것 아니다

용케도 여러 겹을 헤쳤다거나
새살과 상처가 서로 부둥켜안고 울었다거나
해도
첫 뿌리가 늘 살아났다

하나의 사랑

돌아갈 수 없다는 것을 아는 우리는
매일 돌아가며
매번 아파한다

길은 분분히 날리는 눈처럼
아스라이 흩어지는데
아득한 저곳 아득히 날리며
매번 분분히 눈을 날린다

용서해야 할 것은. 이생에는. 바람이 스쳐 간다는 것뿐. _「그저 그뿐」부분   130×95×40㎜

끝까지 만나지 못하는 설계

절 아랫마을까지 흘러온
꽃은 상사화

잎은 꽃을 못 보고
꽃은 잎을 못 보고
다른 계절 홀로 지켜
지나는 바람이 애처롭다 상사화

땅속 따뜻이 안아 한 몸이건만
같은 뿌리 아득히 멀고 멀어

잎이 지도록 기다려
잎이 지고도 기다려
저 혼자 아득한
개울물 흐르는 절 문 아래
분홍 노랑 하얀 꽃물 여릿여릿 흘러
가슴 스쳐 가는 개울물 소리
숨죽여 듣는 노래
서로 그리워
상사화

개구리

자잘한 벌레 먹고 뱀에게 먹히곤 해서
왕눈에 팔짝팔짝
더러는 먹히고 더러는 살아
풀숲에서 별과 함께 노래가 되니

젖은 풀 속
맑고 산뜻이 여름 울어
걷는 이들 가끔 마음 끈 풀어
잊었던 얼굴 하나씩 떠오르게 하는
풀 우거질 때 나는 개구리이고 싶다

산다는 것 천천히 별이 스쳐 내리듯
들판의 일상
젖은 노래 되어
지나는 이들 잊었던 노래 한마디 떠올리는
초록 개구리면 더하지 싶다

그래서 한번은 오래 만났었노라고 _「한달살이」 부분

3
길

치마폭. 품. 푸른. 푸성귀. 이팝나무. 그래서 밥

캠핑카 행렬

길 내고 가로등 세우고
집을 지었는데
모래가 날린다
바닥에 사막이 흐르고 있다

푸른 풀 찾아 낙타가 울고
마른 땔감 찾아 걸으면
자동차 몰고 가는 신호등
유목민 이끌어

사막의 강 푸석한 흔적
오아시스의 기억 휴게소
목마름의 줄기 유물처럼 우물로 고여
멈추어 물을 마신다

낙타의 목만큼 긴 요령 소리 빵빵
게르를 지고 태양의 언덕
보랏빛 분홍빛 노을을 간다

처음 앰티 기억

저녁이란 함께 환하니 피어나는 거야
새벽이란 홀로 서 있어 모두를 기억하는 거야
잠들지 않고
멀리까지 반짝이는
신성한 나라가 있어

비 와도 겨울 와도
소명은 죽지 않아
사랑은 죽지 않아
작은 불빛은 견뎌낼 거야

신성한 것은
낮은 언덕 숨 쉬는 아랫마을
새벽까지 기다린 불빛
어둠 속에 일어나 앉은 불빛
잔설도 살아나 반짝이게 하는
작은 창문들

사랑은 죽지 않아
사랑은 죽지 않아

거기까지 기억난다

그것이 불쑥 기억된다

고속도로

이대로 달리면
하늘 위로 오르는 걸까 무한대

여기서 더 달리면 떨어지는 걸까 무한대

하늘은 검은 땅
땅은 푸른 하늘
뒤집혀 보일까 원래 그렇지 않았을까

길 양쪽 불빛 은하수 되어
초롱한 별로 하얗게 흐르다
작은 집 옹기종기 입김 나는 창으로 쑤욱 들어가지 않을까

이정표 손 흔들어 갈림길
속도를 줄이시오. 뒤집혔다면 다시 뒤집으시오
고속도로 출구 출구

일정 속도 없이 엎치락뒤치락
이제 길고 짧은 마을의 속도로 말해야 한다
때론 차갑게 얼어붙는 창문
때론 웃음꽃 자지러지는 그 창문
신호등 앞 멈추어 선
마을 입구
입구

어스름

까마귀 떼 낮게 우는 저녁
잔디밭 옆 글라디올러스 그늘
검은 고양이 두 발 모으고
눈을 실쭉 파랗게 뜨고 있다

외지 직장인

겨울 과수원길 돌아
하숙집으로 가는

고향 산 이라야 쓸쓸한 가난
깔리는 어스름 길 돌아
하숙집 방문 열면
저수지 나무 그늘 일렁이는 식어버린 방바닥

이도 저도 아닌 청춘인데
마른 가지 버들인 양
그래도 설레는
푸릇한
떨쳐 일어서는 무언가

그러다가도 추위가 손 비비며
스무 살 초반
저수지 밑 외지 직장

원복이

다른 여자와 살림 차렸다는 아비
흙 떨어져 내려 수숫대 얼기설기 드러난 어미
바람벽 가슴이 된 그 아이 어미 황토밭 실성한 채 걸어
아이 가슴을 춥게 했다

갈매기 낮게 날아 배 띄우지 못하는 날
회색 하늘 회색 바다 몽롱이 마주한 포구
아이는 바다 끝 흐릿한 뭍
어미가 정신 들 때면 용케도 오던 아비를 기다린다

가끔 아이를 찾아 나오곤 했지만
어두운 방에 시름시름 누워 있더니
서러운 가시도 없는지
아비가 오면 밝은 몸단장으로 수선 떠는 어미
아이도 동그란 얼굴 집안이 꽉 찬 듯 뛰어다녀
안쓰러운 동네 흉거리건만 일 년에 한두 번

청 보리싹 푸르게 돋을 때
가장 배고픈 바람 부는 때
알곡 훑기까지 봄날이 길어
어미 허리 수숫대 되어

가난한 잎 흔드는
푸른 보리밭
어미와 아이 함께 바닷가 섧게 섰더니

뭍에서 아비의 부고 오던 날
아예 미쳐 뛰어든 어미 죽음에
아이는 맥없이 돌을 던져
바다가 푸르게
파도쳤다

84×125cm

과꽃 드로잉

애잔해 보일까봐 구절초는 서랍 속 넣었어요
멋진 신여성 백합조차 왠지 어려워
서랍에 두고 후일 만나려고요
허술한 담 밑 말갛게
창고 옆 풍성히

바람에도 서리에도 반짝이네요
하늘 흐르는 바다 흐르는
남색 갈래갈래 파랑 자주 갈래갈래
뚝뚝 떨어지는 보라색 고백

곱던 날 환상으로 날아가
꼭두서니 관 쓴 누이 얼굴
담 밑 풀처럼 보통인 채
속으로만 여린 채
평생 어랑어랑 피어 있어요

크림슨 맨드라미

점, 점 흩어져
붉은 선혈
선언서 찬란히 읽어
새카만 눈동자 알알이 바치는
가을의 제

하늘에 빌고
땅에 빌고
마음에 남아 맴도는 이름들
마지막으로 빌고

한밤 타닥타닥 불꽃
첫새벽 안개등
붉게 사르는
점
점 뭉쳐
가을의 제(祭)

제(祭) - 사귀다, 사람과 신이 서로 접하다

민들레 꽃대

서성이거나 그리워한다거나
바람과 햇빛에 줄기 자라나는 소소한 일일지 몰라

향내 스치거나 담장 넘는 노랫소리 마음속 크게 울린다거나
아무도 모르는 호수에 조약돌 던져 맴돌던 소소한 일일지 몰라

잠잠함에 지쳤나
그러고도 기다림의 땅에서 오래 지내야 하리니
꽃대 숙였네

창수네 대문 말뚝

늘 대문 앞을 멀리하는 적이 없는 눈 큰 아이
꼬질꼬질 때가 미처 못 가린 여린 볼과 솜털 보송보송 세우고
홀로 집을 지켰다
어두워야 오는 어미 아비를 기다리는
어둠 속에 아부이 반기는 아이 소리로 동네의 저녁은 마감
되곤 했다

다 늙어 이제껏 그 동네 사는 그 아이 큰 눈은 찌그러지고
손도 거칠어 옹이 졌는데
새로 고친 대문을 흘끔거린다
타지 딸이 어에 온다고

외로움이 앞마당을 빙빙 돌아 괜스레 찡하니
마루 끝 매달린 기다림에 지가
아비의
자식의
버팀목인 줄 모르고
돌아오는 이정표인 줄 모르고

대문 앞 연신 지키는 눈 큰 아이

섬 동백

소나무 그늘
붉게 부둥켜안았네
파도로 적신 청춘 피로 항해하여
아무도 없는 바위 절규로 상륙
피었다 저도 모를 청춘
흔들리는 바다를 건디는 것은
너를 향한 검이 아니라 꽃
숨죽여 간신히
붉은 마음으로 피네
길게 엎 딘 파도에
검에서 꽃을 피우려
부둥켜안았네

35×120×28㎜

냇물 햇살 새소리 반짝이며 일렁이며, 한 가운데 머문 계절.
소녀도 일렁이며 반짝인다 _「가득한 계절에 있다」 부분

봉숭아

성질 빼기 보통 아니라는
엉겅퀴도 순허지
구기자도 빨간 열매 감추는
가시 있더라

어여쁜 볼
두근 반 한숨 반 주머니
스란스란 분홍치마 허리춤에 달려
내 안다
니 장독대 우두커니 서서

먼 산 두견 울 때
서러운 가시
꼭꼭 감추었어도
볼 붉게 시드는 것을

흩뿌려진 다도해

작은 섬 조금씩 그리움 더하여
육지로 뭉쳐간 것인지
육지 심장에 서늘한 파도 파고들어와
갈래갈래 쪼개 놓은 건지

너의 산
나의 바다
얽혀 있다

너는 보릿단 태우는 짚의 마른 향기, 잎 누렇게 타며 영그는 양파의 동그란 봄이 누운 넓디넓은 해안가 밭 머문 햇볕 부족함 없는 6월
나는 물결치며 휘어지는 보리밭 따라 흐르다 프랑스 영화의 느린 바람을 만나고 황토밭에 순정으로 피어난 양파꽃이기도 하다가
그리도 얽혀 있건만

너의 산
나의 바다
얽혀 있건만 먹먹히 멀다

소년의 비탈 마을

먼바다 끝 부서지는 빛 알갱이 쭉 뻗어와
어린 팔다리 키우는 대숲 기댄
섬 비탈
찰박찰박 이야기
팔다리 다 자르더라도
떠나고픈 마을
푸른 빛 어른거리는 언덕 모질게 박힌 바위 떠나
함께 떠나 돌아가지 않는
여전히 녹록지 않은 물결에
떠도는 심장들이 속으로만 부르는 소리
웅웅거리는 마을이 소년의 집이라
했다

푸르다 하얗게 질려
소금으로 응고되도록
썰물과 밀물로 부르는 늙은 심장들의 소리
마을 안 웅웅거리는
날마다 깎이는 바위가 기다리고 있는
바다로 에워싸인 섬
소년의 집은 그 비탈에 있다고
했다

대추골 낭만

톱밥 날리는 목재소
해 아래 따듯했던 속살
벌써 나온 별에
반짝이며 부스러지던 체온 전하고
언덕 과수원 풀 향기
남아있는 여름 체온
울타리 맴돌면
별은 앞산 마루에서 걸어와
포도송이에 촘촘히 말 걸어
검붉은 이야기 아름다와라

오늘은 무화과를 따고
윗집 뽕잎을 따다 닭에게 주었어
풀벌레 찌르르 찌르르
그리고 편지를 썼어
은은한 달빛
창문 앞 라일락 잎사귀에 가득
대추나무잎 엮는 거미줄 하얀 구슬
마침내 달과 노래했지
앞산 소쩍소쩍

가까이 있다 멀어졌다
애달피 울다 기다리다

오래된 상수리 가지 흔드는 크고 세세한 바람
편지 놓인 책상 서늘한 위로
이슬과 안개 영롱해지는 새벽 오면
쏟아 내리던 별 노래
앞산으로 날아가며
휘파람 소리
아름다와라

대추골 소쩍새

부엌까지
소쩍새 울면
그릇 가지런히 놓고
다시 놓고
행주질을 또 하였다
그래도 소쩍새는 울고 있었다

이곳 서 있는 인연 아득해
소쩍
강 건너 기억 속 피었던 꽃
한숨과 애처로움으로 갈 수 없는 그 땅
소쩍
거기 꽃이 있고
작은 이슬방울 맺혀
마음은
지나쳐온 길목 어귀
제멋대로 크는 억새 풀

뒷산 상수리나무
아름드리 그림자
누워 있는 가슴까지 쓸고 가는 한밤
밤에도 살아있는
저리저리한
소쩍

_모놀로그

소쩍새 한 마리가 아닐 것이다
쉬어가며 번갈아 부르는 것이거나 아니면 그 새 한 놈이 죽고 또 한 놈이 태어났을 것이다
그것도 아니면 망령이 있나 보다
어찌 저리 오래도록 울고 있는 걸까
잠들기 전에 들었는데 눈뜨기 전에도 울고 있으니 꿈도 꾸었을 것이다
더구나 오늘은 빗속에서
새도 망령으로 떠돌 수 있다고 믿게 되었다

30×103×25㎜

길 있으려니, 그리 믿었건만, 꽃이 진다 _「길」부분

강진만 따라 내릴 때

짠바람에 머리카락 서걱
가슴 구석 서걱거리는 소금
허연 얼룩 비벼도 도로 남아 물 벌컥 마시는 여인의 흰 머릿수건
아이가 셋인데 아직 스물아홉
허리 끊어질 듯
고운 티 없이 휘어지는
뙤약볕 가련한 소금 알갱이

푸르른 바다 갈대숲으로 치솟아 올라
푹 고꾸라질 듯
꼿꼿이 일어설 듯
갈대 넘어지다 가늘게 흔들린다
세 아이 묶어 놓은
갯벌 물 넘실댈 때

밥상

밥을 먹는 것
마지막 사랑이다

사계절 지켜온 농부의 갈라진 손등
쌀 수매 꼼꼼히 계산하는 농협 직원 아이들의 눈동자
대형트럭 장만한 운전사의 알뜰한 아내와
5층 현관에 날라다 놓은 배달 청년의 팔뚝

밥을 먹는 것
밥알마다 옹그려있는 아름다움을
몸에 넣고
오늘 거쳐 온 여러 갈래 길에
괜스레 돌아서던 서러운 이야기
문득 고달파
서러움을 향한 마지막 사랑
잘 접어 발가락 손가락에 보내는 꾹꾹 눌러쓴 행복 편지다

바다 감정

언덕 뚝 떨어져 내린 절벽 솟아오르는 물새
바람개비 돌아가는 바다를 한가롭게 한다
벼랑에 매달린 모래알보다 작은 들꽃
바다를 망망하게 한다

실은 바다도 방향 없을 때가 있지
등대도 없이
긴 한숨
허둥대며 뒷 곁으로 돌아서던 어머니 작은 등
바다를 적적하게 한다

외로움과 외로움, 죽음과 죽음 사이에서 울리는, 생이라는 변주곡 _「변주곡」부분

4
빛

빛. 빛. 비.　비. 빛. 빛. 그건 새의 여정이었지만 눈물은 없었다. 눈물이었다.

수도원

음양의 조각 돌기둥
촛불만큼 비추어
가슴 찌르는 것은
조금씩 돌 쪼아내던
쇠망치 소리

지붕 구멍 내놓아
촛불만큼 돌바닥 비추어
남김없이 태워 오르는 것은
바닥 끌어안은
웅얼웅얼 엎드린 기도 소리

버킷리스트

직립 해제 —
방바닥에 붙어
가끔 눈 떠 벽면 새삼스레 마주하기

빨간 줄무늬 티셔츠 걸려있는 하얀 벽
태양을 가리는 조각구름 창
그늘이 여러 형태로 조각되고
명암차이를 보이는 구름의 두께
장면을 바꾸게 밀어주는 바람

교실 창문, 창문 모양 벽지의 고시원 방, 내 방 벽으로 창문 벽
지를 바른 옆방, 도로 옆 병실, 플라타너스 그늘 일렁이는
하얀 창
또렷한 순간의 긴 걸음
그 어떤 하루가 동에서 서로 흘러가게 두기

직립 해제의 사치
언제나 사각 창문

언어의 메아리

카톡 신조어 살피다가
무어 어이없는 일 하나 싶어 슬며시 제치고
천장 보며 눕자니
수많은 종족의 언어가 스쳐
몇 명만 소유하는 언어도 있다지만
나밖에 못 알아듣는 나의 언어는 도대체 무슨 일인가

자신의 언어로만 말하는 거리
없는 말 사전을 꿰차고 돌아가는 집
동굴을 파고
더 깊이
갇혀
스스로의 언어 자신은 알아듣는 것인가

순간 숨을 쉬네

갯벌 염전을 만든다고 염병 떨던
뜨거운 풀들 쉬어지고 소금물에 주름질 때
소금기 머금어야 해당화 향 짙다나
그리 구슬려도 도리 없던 가난
뿌연 소금 덩어리
발도 입도 허연

도시 거리 돌고 돌아도 소금기 서걱대는 얼굴뿐이어라
골목 벽 기대 황급히 눈물 가리면
순간 돌아가 있는 해당화 언덕

가로등 걸어오는 저녁 검은 개 거뭇하게 짖는
해풍에 낮게 크는 나무처럼 숙이고 걷는
소금 바다에서 먼 도시 뒷골목
수로 따라 염전 물 찰랑
빛 여울 따라 둠벙
긴 잎 함초 출렁
순간 짠 내
순간 숨 쉬는 해당화 언덕

식사 기도

여러 해답을 들었다
그러고도 질문이 뒤따랐다

질문은 의심에서 온 것이 아니라
두려움과 고통에서 왔다

부둥켜 사랑하는 단어 단어의 의미
확신이 없었다

어쩌면 의심이었으나
그것조차 안개 속

지나온 시간의 그늘 돌이켜
비 오고 햇빛 비추는 빛나는 의미가 사소한 일상으로
차분히 내려앉고
숲은 멀리 물러나

전등을 켜고
시간 그늘의 너울
식사 기도를 한다
반복되던 질문과 신의 가호가 버무려진 밥사발
가만히 포갠 두 손 위에 고개 숙여
저녁 창 그늘에 중얼중얼 답을 한다

50×165×30㎜

강물은 어렵사리 흘러가지. 한숨과 떨림으로. 간신히 흘러가지 _「소년과 갈대」부분

등대도 견디는 중

북극성 안보일 때
함께 있을게
안개 내려 이러지도 저러지도 못할 때
우뚝 서 있을게
등불 들고 있을게

회오리 광풍 조각배 뒤집을 때
굵은 밧줄 닻 던져
빛 비추고 있을 거야
파도 뚫고
반짝반짝

손 내밀 거야
큰 소리 부르고 있을 거야
여전한 눈매로 마주 바라며
항구 안식할 때까지
기다릴 거야

별빛 없는 심연이 잡아당겨
곤두박질하다 솟아오르는 순간
또한 버티며 서 있을게
혹여 나마저 네가 안 보여 캄캄해도
생명 향해
빛 붙들고
표류하는 바다 견디고 있을게

보내고 맞이하고

싸라기눈 얼어 군산항
넓게 흐르는 금강 더 넓게
회색으로 깊이 흐르는
세밑
잊힌 강가의 풀숲까지
깊이 바라보는가

며칠째 눈 날리는 회색 모퉁이
여울목 되돌아
맴돌던 강물 되돌아

저무는 바람 안아야 흐른다고
도도히 몰려가는 물결
배도 점점이 출항한다고
방향 알려 떠오르는 물결

통 모를 바다의 새 구름까지
멀리 바라보는가

얼어붙은 창

얼어붙은 라페루즈 해협에 또 눈이 내린다
검은 모래 거칠게 얼었다
러시아도 얼고 홋카이도도 얼어 매서운데
새가 난다
울음소리 고와 어느 나라 노랫가락인가 싶다
유월 너에게 불러주던 노래인가
겨울 지붕 낮은 창가
그물을 꿰매며
지붕에 쌓이는 눈 쓸어가려 저녁 바람 대차다

동해 북쪽

사할린 마주 보는 왓카나이
사랑 깊어 슬픔이 크듯
하늘 넓어 구름이 덩어리져 쫓아 오고

아이누족의 수렵 하늘 새겨
창을 든 남자, 쫓기는 곰
새를 날리는 아이, 깃털 터는 새
무리 지어 울리는 함성 하늘 위 둥둥
어린 아기 새초롬 밝은 구름
뒤덮는 발자국 몰려가고

그림자는 밝은 빛 아래 왔으리라 위로
제멋으로 핀 하얀 꽃 무리 청아하게 흘러온 물둠벙
바다 마주하며 바람을 듣고 있다

원시시대는 초원의 작렬하는 태양과 겨울 혹한에서 키운
아가의 언어
원시인들의 눈동자에 있던 검고 흰 구름의 혼재
옛 시간 돌이켜 피는 짙은 들꽃
사할린 길목 쓸쓸한 그리움 닮은 채
들 한가운데 함초히 서 있어
사할린 마음
바람으로 분다

표류

바다 물살에 하얀 살 말갛게 드러낸 나뭇가지
뿌리부터 잔가지까지 벌거벗은 통것으로 햇볕 반사하는
검은 고요
오래 앉아 있어도 건지지 못한 노래
조각난 숲의 도착

35×145×30㎜

손끝 스치는 풀잎 향 꿈이었다 하더니. 아직 거기 있는가 _「거짓말」부분

헌 집 줄게 새집 다오

뿔 달렸어도 도깨비님 있으면
우스꽝스레 즐거우리
오시오 뚝딱
오랜 사랑 살라 올리니 새로이 와주오
속사정 훤히 아는 마음 골목마다 찾아오면 좋으리

깨비 깨비 도깨비님
만나면 좋으리
수수깡만 남은 가슴
휑하니 돌아서 곧장 걸어가는
야무진 돌담길 되라 뚝딱 좋으리

앞구르기 뒤구르기보다 더한
헛사랑 데굴데굴 구르는
언덕비탈 작은 창문
뚝딱뚝딱 소원 방망이
대보름 달만한 웃음
환히 좋으리

대원사

계곡물 거슬러 산사 오르는 여인

산사 돌아 모질게 흘러가는 시냇물

법당 뒤 언덕
비탈진 진달래 붉어
법을 외어도
두견 울고

불타버린 절에
함께 타버린 연등들의 소원
앞산 새싹 돋은 활엽수 묵은 침엽수 어우러져

주저주저 왔는데

멈칫멈칫 계곡물 흘러

꽃등 걸어 초파일
새 등을 달았네

벽오동 잎 더 넓어져

오동 그늘 아래 벤치
옆자리 비워 놓고
저녁 까치 소리 스산한 것도
반가워

그대 얼굴 어떤 모양일까
어떤 색 옷 입었을까
라일락꽃 말라가는 짙은 향기
초여름 돋는 기대

두근거리는 마음 씽끗 내려다보는 벽오동 시원해
기다리는 누군가의 일상이 옆자리 함께 앉아
사분사분 나누는
초여름 싱그러운
벤치

환희와 지름길

터널을 지나면 확 터지는 밝음
초록과 파랑
누가 만들었나 눈을 뜰 수 없네

어쩔 수 없던 뒷걸음
손톱 닳도록 어둠의 터널
누가 팠을까 오래 아프도록

다 온 듯하다

저녁 안개 자욱한 바닷가 숲길
청정한 전나무
푸르르 떠는 물방울
다 온 듯
지치는 고개턱
내리막길 아래 구름 되어 가리어졌어도

작은 집 등불이 깜박이고
초록 창가
불빛 거는
흙 묻은 손
내리막길 아래 구름 되어 가리어졌어도

전나무 굵은 가지 와락 물방울 떨어진다

안거

나목 아래
군더더기 없는 말을 하게 된다
회색 강가
말 없는 배를 띄운다
겨울 걸음
얼음 한가운데 이르러
더 이상 편지를 쓰지 않고

헛된 것은
걸음을 멈추어
낙엽은 조용한 눈 아래 누웠다

하나의 길

누군가 길을 낸다
그리하여 더 이상 사막이 아니다
짐승이 걸어가고
바람도 햇빛도 길을 걸었고
방황하며 맴돌아
제 자리 도는 잠자리
잠자리 따르던 사람도 묵묵히 걷는다

처절해서 전설이 되었듯
모래와 번개에도 길이 있잖아
바꾸어 걷지 말고
하나의 길
하나의 길을

사람이 따라가는 길
풀 옷 입은
바람이 휘이 휘파람 가르며 앞서간다

눈이 오면 크리스마스

이제 누워도 된다
까치 소리 같은 캐럴이 행복을 나누는
까만 눈동자 반짝임 같은 작은 전구의 깜빡임
왠지 즐거워
따뜻한 손목
12월의 소식
반가우리 오래 기다려
기쁜 연락 설레어

스러지는 풀에 누운 연약함에
평화의 저녁
캐럴이 낭창낭창
색색의 카드로 전하는
낡은 구두 뒤에 따라온 겨울 바다와 언덕
아 얼마나 기다려온
마침내 온 연락
기쁜 소식
평안

산밭

편안한 능선 따라
껍질 말라가는 콩밭

갈색의 약속 알알이 박혀
더 짙게 죽은 콩잎

천천히 걷는
산 뒤로 남는 해 걸음

조용한 빛
곧 안식

오늘의 옷을 빨아 널고
그렇다 내일 등불

고운 능선 따라 희망 노래
콩을 턴다

작품 해설

시성(詩性) 혹은 시적인 것에의 의지
— 곽은주 시집 『풋사과 머뭇거리다』에 대하여

이은봉(시인, 광주대 명예교수, 전 대전문학관 관장)

시인이라면 누구라도 시를 쓰는 과정에 '시성(詩性)' 혹은 '시적인 것'에 몰입해보기 마련이다. 그렇다면 시성 혹은 시적인 것이란 무엇인가. 이에 대해 간략하게 정의적으로 대답하기는 쉽지 않다. 그것이 예술성, 심미성, 작품성 등과 근친의 관계에 있는 것까지 부인하기는 어렵지만 말이다. 시성(詩性) 혹은 시적인 것이 예술성, 심미성, 작품성 등과 근친의 관계에 있다고 하더라도 그것이 대상으로부터 비롯되는 인간의 감정(感情)과 무관하지 않으리라는 것은 분명하다. 시성 혹은 시적인 것과 관련하여 인간의 감정(感情)을 말하려다가 보면 그것이 감(感)과 정(情)의 결합체라는 것부터 떠올리지 않을 수 없다.

흔히 느낌이라고 번역하는 감(感)은 대상에 대한 일차적인 반응으로 주체의 마음에 투사되는 이미지를 가리킨다. 불교에서 말하는 오온(五蘊)의 과정, 곧 색수상행식(色受想行識)의 과정에 색(色)의 직접적인 반영이 바로 그것이기도 하다. 마음속에 현현되는 색, 곧 이미지는 곧바로 정(情)으로 내화(內化)되기 마련이다. 이렇게 형성된 마음속의 감과 정, 곧 감정(感情)을 두고 흔히 정서(情緖)라고도

117

부른다. 많은 사람이 시를 두고 흔히 정서의 산물이라고 하지 않는가. 정화된 감정을 두고 정서라고 부르기는 하지만 말이다.

감(感)이 내화된 정(情)은 마음속에서 지(志)를 낳고, 지는 다시 의(意)를 낳고, 의는 다시 식(識)을 낳는다고 한다. 그리고 식(識)이라는 진리에 이르게 되면 그것은 늘 사람들이 공유할 수 있는 '언어'로 현현되기 마련이다. 아무리 불립문자라고 하더라도 '언어'로 현현되지 않는 식(識)은 공유되지 못한다는 것을 기억해야 한다. 불교에서는 이를 두고 오온(五蘊)의 과정, 곧 색수상행식(色受想行識)의 과정으로 설명하지만 말이다.

이로 미루어 보면 시(詩)도 앎의 한 형식, 곧 인식의 한 형식이라고 하지 많을 수 없다. 시의 인식의 방식이 학술이나 과학의 그것과는 다르더라도 말이다. 학술의 인식이나 과학의 인식과 달리 시의 인식은 감과 정의 방식, 곧 감정의 방식을 취하지 않을 수 없다. 시의 인식이 감정의 방식을 취한다는 것은 시의 인식이 감정 사유의 방식을 따른다는 말과 다르지 않다. 이를테면 논리 사유가 아니라 감정 사유의 방식으로 대상을 인식하는 것이 시라는 것이다.

이때의 감정 사유를 두고 사람들은 흔히 정서 사유, 이미지 사유, 형상 사유라고 부르기도 한다. 무엇이라고 부르더라도 이들 사유, 곧 형상 사유가 논리 사유(개념 사유)보다 급하고 빠른 것은 사실이다.

시를 시답게 만드는 특징이 정서에만 있는 것은 아니다. 시를 시답게 하는 특성, 곧 곧 시성을 두고 사람들은 다른 말로 형상성이라고 부르기도 한다. 형상화되지 않으면 시가 되지 않기 때문이다.

물론 형상을 이루는 데 가장 긴요하게 작용하는 것이 정서이기는 하다. 하지만 형상을 이루는 데는 정서 이외에도 작용하는 요소가 없지 않다. 정서 이전에 지각하는 이미지는 말할 것도 없고 이야기도 형상을 이루는 데 매우 중요한 기제로 작용하기 때문이다.

그렇다고는 하더라도 시적인 것을 만드는 자질이 무엇인가를 단정적으로 말하기는 쉽지 않다. 시가 자연 친화적인 것, 대지와 분리되기 이전의 주체가 갖는 화합 혹은 일치의 정서를 바탕으로 하는 것은 분명하지만 말이다. 이때의 화합 혹은 일치의 정서를 두고 조화 혹은 균형의 정서라고 불러도 좋다. 시는 본래 하나에로의 정서, 곧 사랑과 평화의 정서를 지향하는 언어예술 형식이 아닌가. 주체와 세계의 합일을 꿈꾸는 것이 시의 본질이라는 것이다.

일상에서 합일의 세계는 장년의 시간보다는 유년의 시간에 풍부하게 체험되기 마련이다. 기존의 많은 시가 유년의 세계를 지향하거나 시원의 세계를 지향하는 것도 이와 무관하지 않아 보인다. 유년의 세계를 지향하거나 시원의 세계를 지향하는 시는 유년의 언어나 시원의 언어를 사용할 수밖에 없다. 시의 언어가 추상적 관념의 언어가 아니라 구체적 생활의 언어에 가까운 까닭이 바로 여기에 있다.

시가 유년의 시간, 유년의 세계를 지향하는 것은 곽은주의 이번 시집의 제목이 『풋사과 머뭇거리다』인 것만 보더라도 잘 알 수 있다. 주지하다시피 그의 이번 시집 제목에 드러나 있는 '풋사과'는 '아직 덜 익은 사과'를 가리킨다. 따라서 '풋사과'가 유년의 것, 시원의 것을 상징한다고 해도 지나치지 않다. 시집 제목에 나오는 '머뭇거리다'라는 동사도 미숙한 주체의 어물쩡한 태도를 가리키는 것이 확실하다. '머뭇거리다'가 사물의 태도가 아니라 사람의 태도를 뜻하는 단어라는 것도 잊어서는 안 된다.

여기서 이러한 얘기를 하는 까닭은 '시성(詩性)' 혹은 '시적인 것'이 항용 '의인관(擬人觀)적 세계관'을 지향하기 때문이다. 그렇다. 의인관적 세계관은 서정시의 본질적 세계관이라고 해도 지나치지 않다. 시의 안에서는 신과 자연이 인간과 동등한 자격으로 존재하는 것을 잊어서는 안 된다. 사물이나 정신도 인간처럼 참여하는 것이 시의 세계라는 것을 간과해서는 안 된다.

의인관적 세계관은 인간이 아닌 모든 존재를 너(du)로, 곧 인간 자신으로 파악하는 비논리적 인식 방식을 가리킨다. 모든 존재를 사람처럼 받아들이고 사람처럼 표현하는 세계관이 의인관적 세계관이라는 얘기이다.

> 성질 빼기 보통 아니라는
> 엉겅퀴도 순허지
> 구기자도 빨간 열매 감추는
> 가시 있더라
>
> 어여쁜 볼
> 두근 반 한숨 반 주머니
> 스란스란 분홍치마 허리춤에 달러
> 내 안다
> 니 장독대 우두커니 서서
>
> 먼 산 두견 울 때
> 서러운 가시
> 꼭꼭 감추었어도
> 볼 붉게 시드는 것을
> ―「봉숭아」전문

이 시의 중심 대상인 '봉숭아'는 자연물 중의 하나, 특히 식물 중의 하나이다. 그렇기는 하지만 이 시에서 '봉숭아'는 사물로 존재하지 않고 인간으로 존재한다. 우선은 1연의 중심 소재인 '엉겅퀴'와 '구기

자가 사람으로 표현된 것을 확인할 수 있다. "어여쁜 볼"을 하고 "두 근 반 한숨 반 주머니/스란스란 분홍치마 허리춤에 달려" 있는 2연의 봉숭아, "장독대 우두커니 서" 있는 봉숭아에 대해서는 더 말할 필요가 없다. 이 시는 이처럼 '엉겅퀴', '구기자', '봉숭아', '두견' 등을 의인관적으로 받아들이면서 시성 혹은 시적인 것을 확보한다.

물론 이 시의 이러한 특징을 가리켜 의인법이 실현된 예라고도 할 수 있다. 하지만 이 시뿐만 아니라 시의 발상 과정에 적용되는 의인법은 단순한 수사법이 아니라고 해야 마땅하다. 이른바 세계관의 표현이라고 해도 지나치지 않는 것이 의인법이기 때문이다. 의인법을 바탕으로 하는 의인관적인 세계관을 두고 시의 기본적인 발상법이라고도 부른들 어떠하랴.

시의 기본적인 발상법이라고 해도 지나치지 않은 의인관적 세계관은 의인관적인 언어에 의해 실현되는 것이 보통이다. 의인관적 세계관이 좀 더 풍부하게 작동되는 언어는 신화의 언어, 곧 시원의 언어라고 해야 마땅하다. 신화의 언어, 곧 시원의 언어는 인간과 신, 인간과 자연이 구획되기 이전의 언어이다. 말하자면 인간이 신과, 자연과 스스럼없이 소통하던 시절의 언어가 예의 언어라는 것이다.

이때의 언어가 역사적으로는 원시를 지향하고, 개인적으로는 유년을 지향하리라는 것은 자명하다. 원시의 언어, 유년의 언어는 문법적 자질이나 구조가 완성되기 이전의 단어문이나 명사문이기 일쑤이다. 곽은주의 시가 특별히 명사문을 지향하고 있는 것도 실제로는 이와 무관하지 않아 보인다.

바다 물살에 하얀 살 말갛게 드러낸 나뭇가지
뿌리부터 잔가지까지 벌거벗은 통 것으로 햇볕 반사하는
검은 고요

오래 앉아 있어도 건지지 못한 노래
조각난 숲의 도착
　　　　—「표류」 전문

 이 시는 모두 4개의 명사형 문장으로 구성되어 있다. 이 4개의 문장은 모두 "나뭇가지", "고요", "노래", "도착" 등의 명사가 각 문장의 서술어로 작용한다. 이처럼 명사가 서술어를 대신하게 되면 독자의 머릿속에서 시적 형상이 훨씬 강화되기 쉽다. 명사형 문장은 각각의 문장이 지니는 형상의 밀도를 증가시키는 데 도움을 준다는 얘기이다.

 명사형 문장은 원시의 문장이고 유년의 문장이다, 바꿔 말하면 시원의 문장이고 애초의 문장이 명사형 문장이다. 기본적으로 시는 시원에의 지향성, 원시에의 지향성을 지닌다. 시가 지니는 이러한 특징을 두고 신화시대에의 의지라고 불러도 좋다. 시원의 시대, 원시의 시대, 신화의 시대일수록 자연과의 분리에 따른 대립이나 갈등이 적었으리라는 것은 명확하다. 조화와 균형, 합일과 일치를 지향하는 것이 시 정신의 근원이라는 것을 염두에 두어야 한다.

 우리말 문장의 독특한 특징인 명사문은 리듬을 살리기에 좋다는 점에서도 시성 혹은 시적인 것과 친연성을 갖는다. 리듬을 살리기에 좋다는 것은 서정적 정취나 서정적 분위기를 살리는 데 좋다는 얘기이기도 하다. 다음의 시도 이러한 맥락에서 읽을 수 있는 대표적인 예이다.

점, 점 흩어져
붉은 선혈
선언서 찬란히 읽어
새카만 눈동자 알알이 바치는

가을의 제

하늘에 빌고
땅에 빌고
마음에 남아 맴도는 이름들
마지막으로 빌고

한밤 타닥타닥 불꽃
첫새벽 안개등
붉게 사르는
점
점 뭉쳐
가을의 제(祭)

―「크림슨 맨드라미」 전문

이 시는 '크림슨 맨드라미', 곧 진홍색 맨드라미가 핵심 대상으로 하고 있다. 모두 5개의 명사형 문장을 통해 시적 화폭이 펼쳐지고 있는 것이 이 시이다. 수식어를 포함에 각 문장의 서술어를 정리해 보면 "붉은 선혈", "가을의 제", "맴도는 이름들", "타닥타닥 불꽃", "가을의 제(祭)"라고 할 수 있다.

이처럼 서술어를 사물을 지시하는 명사로 받아들이려면 항용 조사나 어미를 생략하기 일쑤이다. 조사나 어미를 생략하게 되면 이미지가 강화되기는 하지만 자칫 문맥을 잃을 수 있다. 문맥을 잃게 되면 구문의 내포가 혼란해지기 마련이다. 곽은주의 이 시에서도 그것은 마찬가지인데, "첫새벽 안개등/붉게 사르는"과 같은 구절이 특히 그렇다. "새벽 안개등(을)/붉게 사르는"으로 읽어야 할지 어쩔지 혼란스럽다는 뜻이다.

이들 논의에서도 알 수 있듯이 명사형 문장의 서술어는 이미지를 매개로 하는 시적 형상을 강화하는 데 도움이 된다. 하지만 시인이 추구하는 진실을 강화하는 데는 별로 도움을 주지 못한다. 명사형 문장은 주체의 의식을 드러내기보다는 객체의 이미지를 드러내는 데 적합하다는 것을 염두에 두어야 한다.

따라서 이 시는 '크림슨 맨드라미', 곧 진홍색 맨드라미의 강화된 이미지를 통해 "가을의 제(祭)"를 느끼도록 하는 데 초점이 있다고 할 수 있다. '크림슨 맨드라미', 곧 진홍색 맨드라미라는 이미지를 강화해 가을의 정취를 드러내고자 하는 것이 시인의 의도라는 것이다. 이 시가 시원의 정서, 신화의 정서, 나아가 유년의 정서와 함께하고 있다고 하더라도 그것은 마찬가지이다.

다음의 시는 몇몇 이미지를 매개로 하여 봄의 정취를 형상화한 예라고 할 수 있다.

> 구름에 뜬 듯 배밭
> 꿈인 듯 몽글
> 분홍 볼 부비는
> 4월 언덕
> 과수원에 두고 온 소녀는 아직 소녀
> 세상을 다 돌아
> 꿈인 듯 몽글
> ―「강진 가는 길」전문

모두 7행의 이 시 역시 명사형 문장으로 일관되어 있다. 여기서 말하는 이 시의 명사형 문장은 모두 3개라고 해야 옳을 듯싶다. "몽글"로 끝나는 시의 행이 있기는 하지만 "몽글"은 "몽글몽글"의 줄임말로 부사로 받아들여야 마땅하기 때문이다. "몽글"을 서술어로 볼 수는 없다는 뜻이다.

이 시에서 3개 명사형 문장의 종결어미는 "배밭", "4월 언덕", "소녀"이다. 이들 세 개의 이미지는 이 시의 시인이 "강진 가는 길"에 만난 핵심 장면이라고 할 수 있다. 그렇다면 시인은 이들 장면을 통해 시인이 무엇을 말하려 하는 것인가. 말할 것 없이 그것은 봄의 정취라고 하지 않을 수 없다. 세 개의 이미지를 투사하는 것으로 "강진 가는 길"에 만난 봄의 정취를 그려내고 싶은 것이 시인의 의도라는 뜻이다.

　시에서 명사형 문장은 이미지 중심의 형상을 통해 서정적 정서를 고무하는 데 유효하다. 그것이 시의 본질적 정서인 시원의 정서, 유년의 정서, 동심의 마음 등을 살리는 데 도움이 된다는 것을 잊어서는 안 된다. 시성 혹은 시적인 것을 강화하기 위해 시인 곽은주가 시도하는 언어(문장)의 특징은 다음의 시를 통해서도 확인된다. 유사한 통사구조를 반복하는 연의 병렬을 통해서도 시성 혹은 시적인 것을 고무하고 있는 것이 그이기 때문이다.

　　음양의 조각 돌기둥
　　촛불만큼 비추어
　　가슴 찌르는 것은
　　조금씩 돌 쪼아내던
　　쇠망치 소리

　　지붕 구멍 내놓아
　　촛불만큼 돌바닥 비추어
　　남김없이 태워 오르는 것은
　　바닥 끌어안은
　　웅얼웅얼 엎드린 기도 소리
　　　　　　　―「수도원」 전문

이 시는 모두 2개의 명사형 문장으로 구성되어 있다. 2개의 명사형 문장을 병렬시키는 것을 통해 시성 혹은 시적인 것을 고취하는 것이 이 시다. 그렇다. 이 시는 유사한 구조로 되어 있는 2개의 명사형 문장을 각 연으로 병렬시키는 것을 통해 시적 흥취를 살리고 있어 주목된다. 물론 5행씩 분할된 것이 이 시의 각 연이기는 하더라도 말이다.

이 시에서 2개 연을 이루는 각각의 명사형 문장은 모두 "소리"로 끝나는 서술어를 취하고 있다. 그렇다. 1연은 "쇠망치 소리"로 매조지가 되고, 2연은 "가도 소리"로 매조지가 되고 있다. 다소간 차이가 있기는 하더라도 이 시에서 시인 곽은주가 연의 병렬을 통해 이루고자 하는 것이 시성 혹은 시적인 것이라는 점은 분명하다.

이처럼 그는 명사형 문장을 반복하거나, 그것이 이루는 명사형 연을 반복하는 방식을 통해 시성 혹은 시적인 것에 이르려고도 한다. 물론 더러는 유사 구문의 행을 반복하는 방식으로 시적 효과를 얻으려고 하는 것이 그이기도 하다. 행의 반복이든, 구문(문장)의 반복이든, 연의 반복이든 반복을 통해 그가 자신의 시에서 이루려는 일차적인 목표는 리듬이다.

> 북극성 안보일 때
> 함께 있을게
> 안개 내려 이러지도 저러지도 못할 때
> 우뚝 서 있을게
> 등불 들고 있을게
> ―「등대도 견디는 중」 부분

이 시에서 시인은 각 문장의 조건절을 유도하는 연결어미 "~ㄹ

때"를 두 번 반복하고, 약한 동조를 뜻하는 종결어미 "~있을게"를 세 번 반복하면서 시행을 전개한다. 물론 시행의 끝에 "~ㄹ 때"를 반복하거나, "~있을게"를 반복하며 시인이 노리는 것은 리듬의 효과다. 이 시를 통해 그가 추구하는 리듬의 효과가 운과 율의 효과까지 포괄하리라는 것은 자명하다. 이 또한 시성 혹은 시적인 것을 고무하기 위한 그의 노력이라는 것을 간과해서는 안 된다. 서술형 종결어미를 반복해 리듬의 효과를 얻으려는 그의 노력은 이 시의 이어지는 부분에도 계속되고 있다.

> 회오리 광풍 조각배 뒤집을 때
> 굵은 밧줄 닻 던져
> 빛 비추고 있을 거야
> 파도 뚫고
> 반짝반짝
> 손 내밀 거야
> 큰 소리 부르고 있을 거야
> 여전한 눈매로 마주 바라며
> 항구 안식할 때까지
> 기다릴 거야
> ―「등대도 건디는 중」부분

위 시에서는 "~거야"라는 서술형 종결어미를 반복해 각운을 포함한 리듬의 효과를 얻고 있다. 이 시 앞부분의 서술형 종결어미 "~있을게"와는 달리 여기서는 "~거야"라는 서술형 종결어미를 반복해 시성 혹은 시적인 것에 이르려 하는 것이 그이다.

이처럼 시인 곽은주는 주체가 깨닫는 진실이나 진리의 구현보다는 언어(문장)에 대한 탐구를 통해 시의 심미성 혹은 예술성에 이르려 한다. 여기서 말하는 시의 심미성 혹은 예술성이 낭만성과 무관하지 않으리라는 것은 이론(異論)의 여지가 없다. 낭만성 또한 중요한 미적 정서의 하나이다. 더불어 낭만주의 시대의 전개와 함께 시라는 언어예술 장르가 문학의 중심이 되었다는 것도 잊어서는 안된다.

낭만성과 유리된 채 좋은 시가 태어나기는 어렵다. 그렇다. 낭만주의 시대가 끝났다고는 하더라도 낭만성을 자양분으로 하지 않고서는 제대로 된 시가 태어나기는 힘들다. 심미 의식의 하나로 낭만성을 구현하는 가장 보편적인 삶의 방식은 여행이라고 할 수 있다. 여행이야말로 각자의 가슴에 간직하고 있는 낭만성이라는 이름의 심미 의식을 실현하는 삶의 방식이라고 해야 옳다.

곽은주의 이번 시집에도 심미 의식의 하나로 낭만성을 구현하고 있는 여행시는 적잖다. 여행 중에 만나는 경험들과 사물들이 불러일으키는 감흥 또한 그의 시의 중요한 내용이 되고 있다는 얘기이다.

이번 시집에 드러나 있는 그의 여행시는 국내 여행 중에 만나는 감정과 풍경을 제재로 한 것도 있고, 해외여행 중에 만나는 감정과 풍경을 제재로 한 것도 있다. 해외여행 중에 만나는 감정과 풍경을 제재로 한 시는 국내 여행 중에 만나는 감정과 풍경을 제재로 한 시에 비해 훨씬 적기는 하다. 「동해 북쪽」, 「얼어붙은 창」 정도가 해외여행 중에 만나는 감정과 풍경을 제재로 한 시이기 때문이다. 국내 여행 중에 만나는 감정과 풍경을 제재로 한 시가 훨씬 더 많은데, 「천왕사 동자」, 「대원사」, 「강진 가는 길」, 「끝 봄」, 「산청에 비」, 「월출산 이유」, 「흩뿌려진 다도해」, 「민들레 꽃대」, 「소년의 비탈 마을」, 「섬 동백」, 「고속도로」, 「바다 감정」, 「강진만 따라 내릴 때」, 「등대도 견디는 중」, 「보내고 맞이하고」 등이 그 예이다.
　다음의 시는 이들 가운데 가장 돋보이는 예이다.

　　계곡물 거슬러 산사 오르는 여인

　　산사 돌아 모질게 흘러가는 시냇물

　　법당 뒤 언덕
　　비탈진 진달래 붉어
　　법을 외어도
　　두견 울고

　　불타버린 절에
　　함께 타버린 연등들의 소원
　　앞산 새싹 돋은 활엽수 묵은 침엽수 어우러져

　　주저주저 왔는데

　　멈칫멈칫 계곡물 흘러

　　꽃등 걸어 초파일
　　새 등을 달았네
　　　　　　　　　―「대원사」 전문

　이 시는 '대원사'라는 사찰을 찾았던 체험을 담고 있다. 하지만 이 시의 중심 대상인 대원사가 어디에 있는 사찰인지를 바로 알기는 어렵다. 대한민국이 '대원사'라는 이름의 여러 사찰을 보유하고 있기 때문이다. 이 시가 남도 기행의 산물이라고 하더라도 그것은 마찬가지다. 그가 찾은 대원사가 경상남도 산청의 대원사(大源寺)인지

전라남도 보성의 대원사(大原寺)인지 알기 힘들다는 것이다.

시인 곽은주는 자신의 대원사 여행을 자신의 시에 매우 객관적으로 투사하고 있다. 이는 시인이 여행의 낭만성을 십분 감추는 데서도 드러난다. 시인이 저 자신을 "계곡물 거슬러 산사 오르는 여인"이라고 객관적으로 표현하고 있는 것만 보더라도 그것은 확인된다. "앞산 새싹 돋은 활엽수 묵은 침엽수 어우러져//주저주저 왔는데" 등의 구절에 이르면 시인의 주관적인 태도가 드러나기도 하지만 말이다.

곽은주의 이번 시집에는 기행시도 상당히 들어 있지만 인물 형상시도 상당히 들어 있다. 「외지 직장인」, 「원복이」, 「창수네 대문 말뚝」, 「소년의 비탈 마을」 등의 시가 그 대표적인 예이다. 그런가 하면 자연의 사물을 객관적으로 노래하는 시도 적잖이 들어 있는 것이 그의 이번 시집이다. 자연은 본래 물질로 구성되어 있거니와, 물질은 사물로 구현되기 마련이다. 사물이 물질세계에 존재하는 개별적인 대상을 통틀어 이르는 말이라는 것을 기억해야 한다.

자연은 언제나 구체적인 사물을 통해 현현되기 마련이다. 그의 이번 시집에는 그러한 뜻에서의 사물이 시로 형상화된 예도 허다하다. 이들 사물 존재의 형상을 노래한 시, 이른바 풍경시를 통해 시인이 어떤 특별한 의미망을 구축하고 있는 것은 아니다. 풍경시 일반이 그렇듯이 그에 의해 생산된 풍경시도 무의미한 이미지나 장면을 투사하는 데서 그치기 일쑤이다. 그에게 강렬한 인상을 주었던 이미지나 장면을 재생하는 것만으로도 충분히 심미적 쾌감을 주는 것이 그의 시이기는 하지만 말이다. 「빗자루」, 「첫눈」, 「바람」, 「개구리」, 「산청에 비」, 「비어 있는 집」, 「산밭」 등의 시가 그 실제의 예이다. 다음은 그것 중의 하나인 「비어 있는 집」의 전문이거니와, 이 시

또한 명사형 문장으로 일관되어 있어 관심을 끈다. 그러한 특징 또한 시성 혹은 시적인 것을 강화하기 위한 그의 오랜 노력 중의 하나임은 분명하다. 이 시를 독자 여러분과 큰소리로 함께 읽으며 글을 맺는다. (곽은주 시집 『풋사과 머뭇거리다』(2024) 해설)

    소금 바람에 녹슨 문 열면
    옛적 사람 바다를 망망히 보던 창가
    창문에 빛 한 다발

    나무계단 삐걱 소리
    거친 일손 비로소 녹이던 따뜻한 찻잔

    거두지 못한 빈 그물
    배 바닥 붙은 소금 거품일랑
    따뜻이 말려지던 포구 향해

    널어 논 그물
    태풍에서 돌아오던 어부
    창밖 바라보며 함께 말려지던 의자
                    —「비어 있는 집」 전문

풋사과 머뭇거리다 곽은주 시집

발행일 2024년 10월 15일 1쇄인쇄
지은이 곽은주
펴낸이 李憲錫
책임편집 류미혜
펴낸곳 오늘의문학사
출판등록 제55호(1993년 6월 23일)
주소 대전광역시 동구 대전로867번길 52(한밭오피스텔 401호)
대표전화 (042)624-2980
팩시밀리 (042)628-2983
전자우편 hs2980@hanmail.net
카페 cafe.daum.net/gljang(문학사랑 글짱들)

공급처 한국출판협동조합
주문전화 (02)716-5616
팩시밀리 (02)716-2999

ISBN 979-11-6493-350-1
값 12,000원

ⓒ 곽은주 2024

* 이책은 한국어 저작권은 저자에게 있습니다. 이책의 내용은 저작권법에 의하여 보호받는 저작물이므로 무단전제와 무단 복제를 금합니다.
* 이 책은 세종특별자치시 와 세종시문화관광재단 의 사업비로 발간되었습니다.